LOS LUGARES DE MI COMUNIDAD

EL PALACIO DE JUSTICIA

John Willis

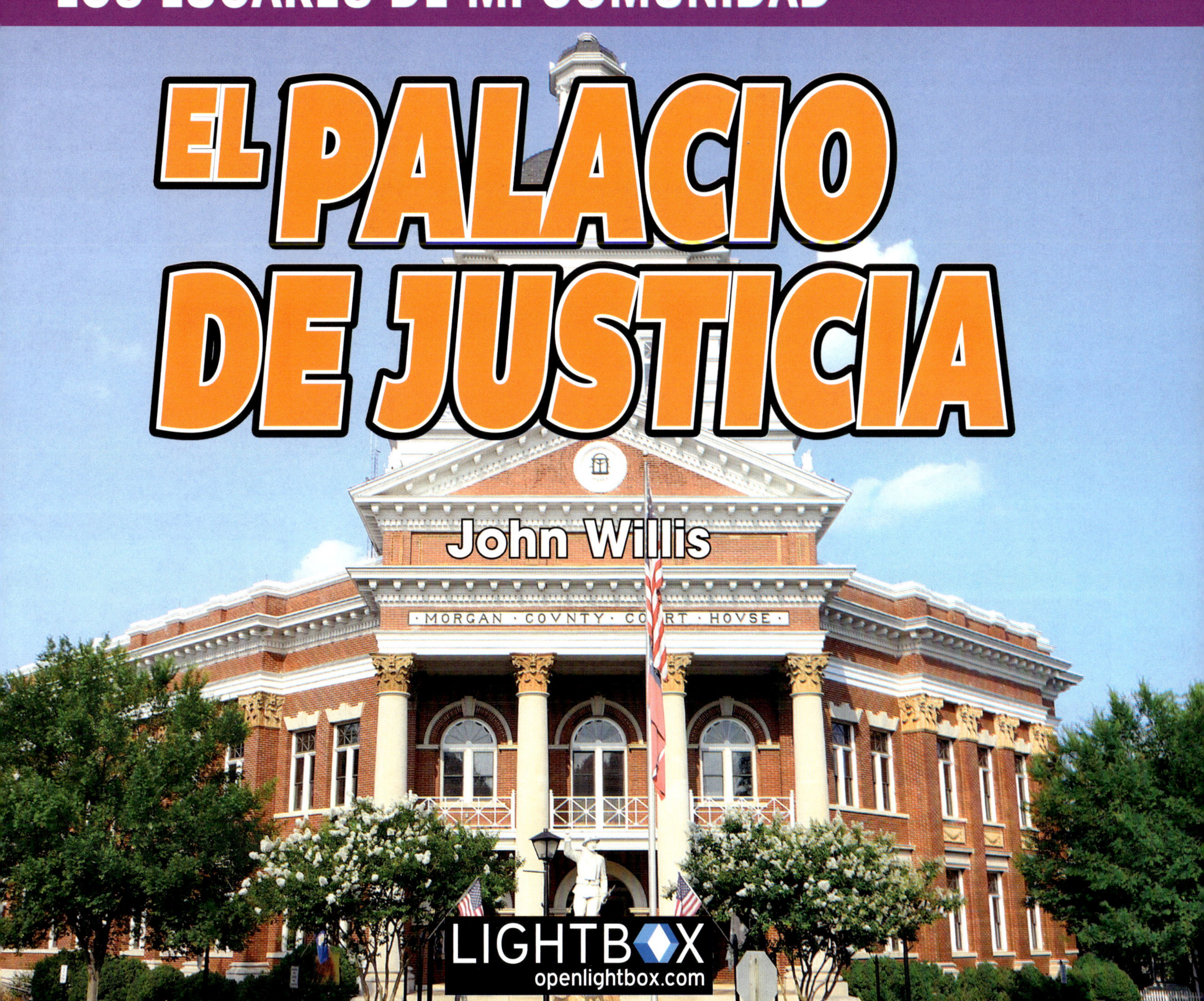

LIGHTBOX
openlightbox.com

LIGHTBOX

Entre a **www.openlightbox.com** e ingrese el código único de este libro.

CÓDIGO DE ACCESO

LBXY8435

Lightbox es una completa solución digital para enseñar y aprender temas curriculares de una manera original e innovadora. Lightbox se basa en las Normas Curriculares Nacionales.

OPTIMIZADO PARA

- ✓ **TABLETAS**
- ✓ **PIZARRAS ELECTRÓNICAS**
- ✓ **COMPUTADORAS**
- ✓ **¡Y MUCHO MÁS!**

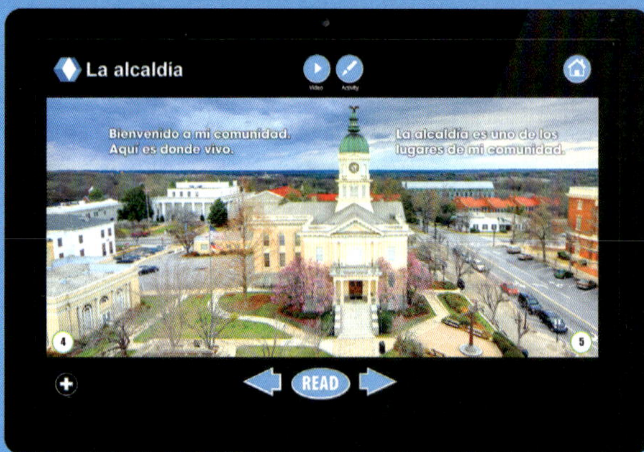

CARACTERÍSTICAS ESTÁNDAR DE LIGHTBOX

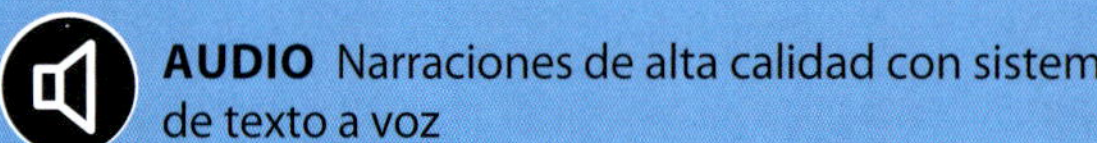
AUDIO Narraciones de alta calidad con sistema de texto a voz

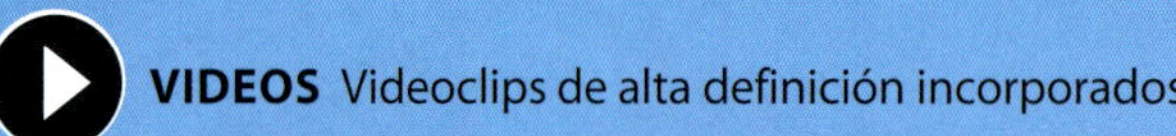
VIDEOS Videoclips de alta definición incorporados

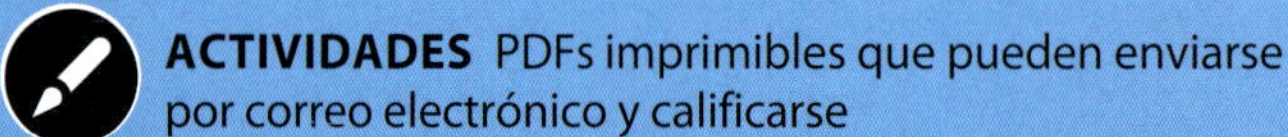
ACTIVIDADES PDFs imprimibles que pueden enviarse por correo electrónico y calificarse

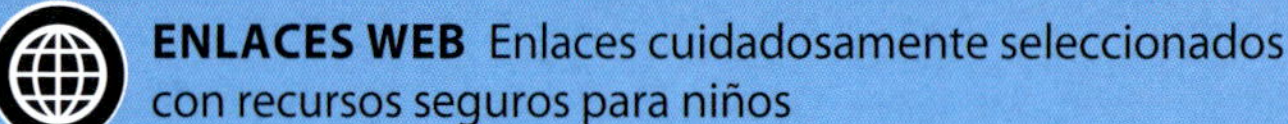
ENLACES WEB Enlaces cuidadosamente seleccionados con recursos seguros para niños

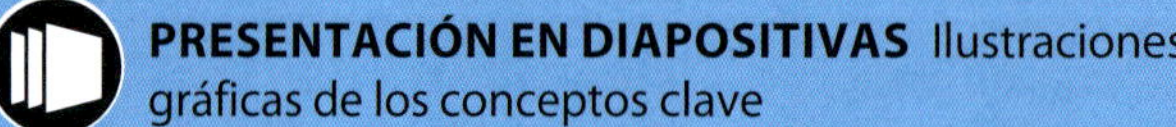
PRESENTACIÓN EN DIAPOSITIVAS Ilustraciones gráficas de los conceptos clave

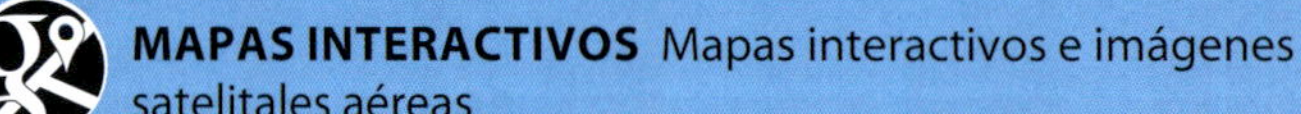
MAPAS INTERACTIVOS Mapas interactivos e imágenes satelitales aéreas

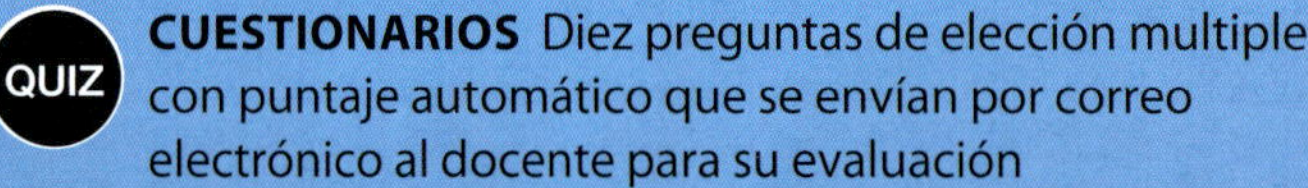
CUESTIONARIOS Diez preguntas de elección multiple con puntaje automático que se envían por correo electrónico al docente para su evaluación

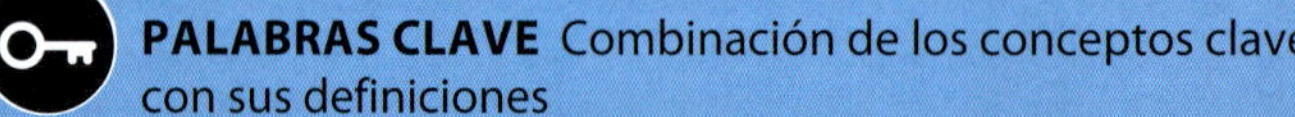
PALABRAS CLAVE Combinación de los conceptos clave con sus definiciones

VIDEOS

ENLACES WEB

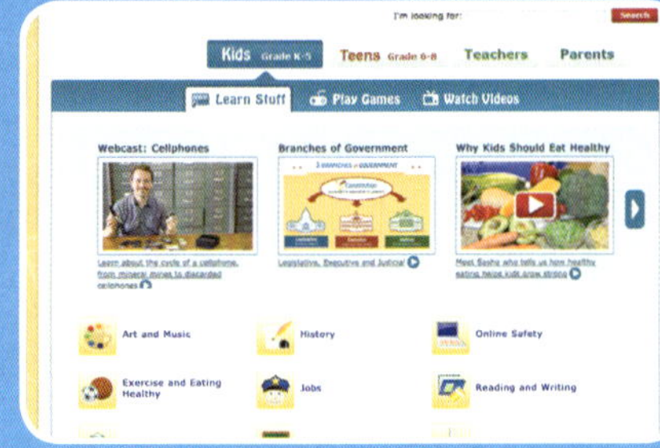

PRESENTACIÓN EN DIAPOSITIVAS

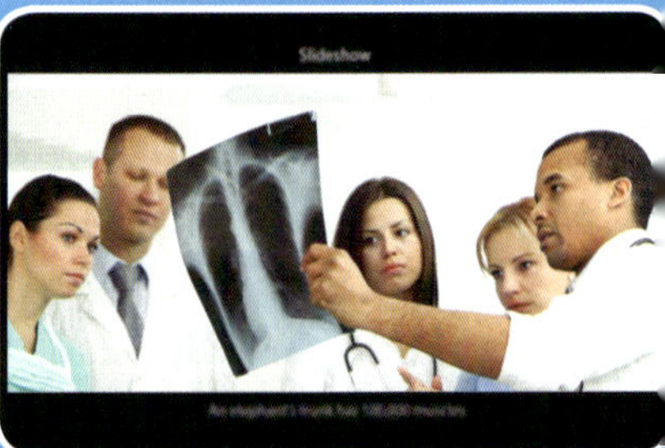

CUESTIONARIOS

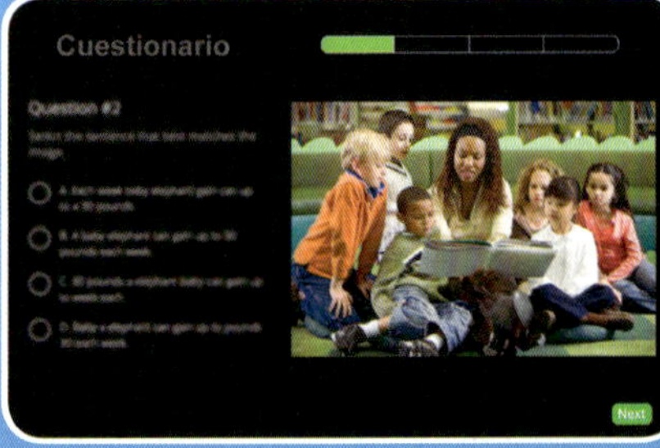

EL PALACIO DE JUSTICIA

En este libro aprenderás sobre

el Palacio de Justicia

la gente que trabaja allí

por qué son importantes

¡y mucho más!

Bienvenido a mi comunidad.
Aquí es donde vivo.

El Palacio de Justicia es uno de los lugares de mi comunidad.

El Palacio de Justicia es un lugar donde la gente puede ir a resolver un problema.

Un juez escucha lo que dice cada persona y ayuda a decidir quién tiene la razón.

El **tribunal del Rey William**, en Virginia, es uno de los Palacios de Justicia más antiguos de los Estados Unidos.

Cada Palacio de Justicia tiene una o más salas. La mayoría de las personas presentes en un tribunal se sientan detrás de una pared corta llamada barra.

Los abogados y jueces trabajan del otro lado de esta barra. Esta parte del tribunal se llama pozo.

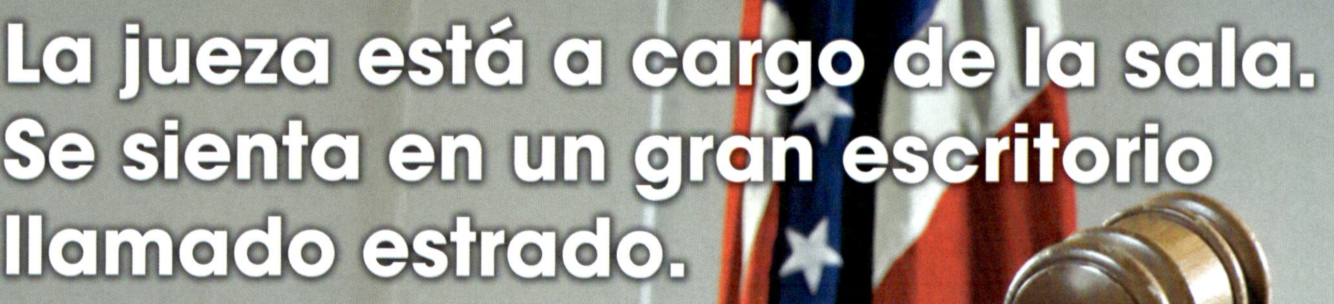

La jueza está a cargo de la sala. Se sienta en un gran escritorio llamado estrado.

La jueza debe conocer la ley. Su trabajo es ayudar a decidir si alguien la ha violado.

Los abogados entienden la ley. La gente paga a los abogados para que los representen en el tribunal.

Una abogada puede ayudar a una persona que resultó herida en un accidente.

La **Facultad de Derecho de Harvard** ha capacitado abogados por más de **200** años.

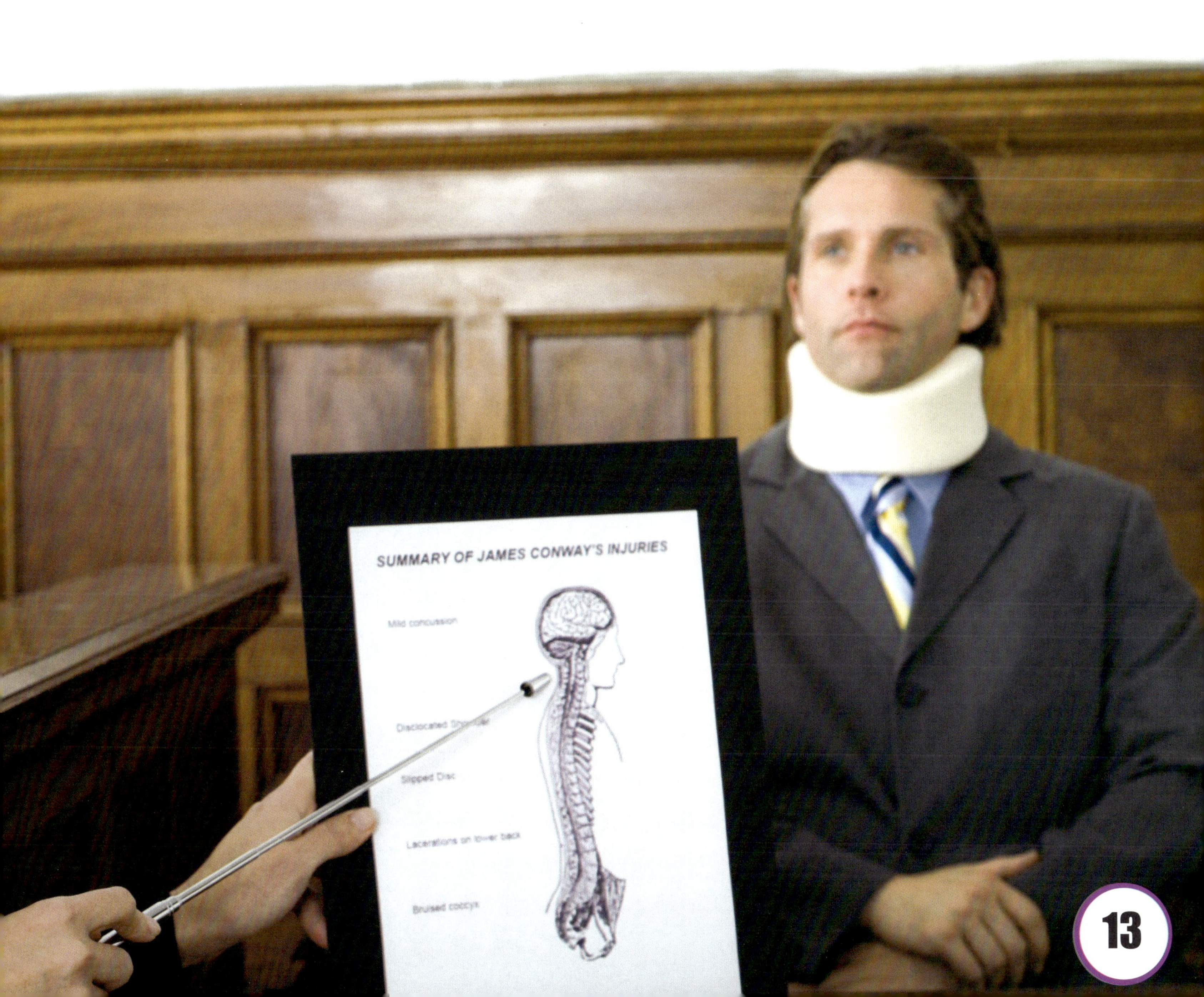
SUMMARY OF JAMES CONWAY'S INJURIES
Mild concussion
Dislocated
Slipped Disc
Lacerations on lower back
Bruised coccyx

Los taquígrafos judiciales registran todo lo que ocurre en la sala.

Usan unas máquinas especiales para escribir lo que dice y hace la gente.

Los taquígrafos judiciales deben poder **escribir** más de **225 palabras** por minuto.

La gente de mi comunidad puede ser citada para formar parte de un jurado.

Un jurado es un grupo de personas que ayudan a decidir si alguien hizo algo malo.

Un jurado puede tener entre **6** y **12** integrantes.

Con mi clase, iremos de excursión al Palacio de Justicia. Tal vez nos permitan ser parte de un jurado simulado.

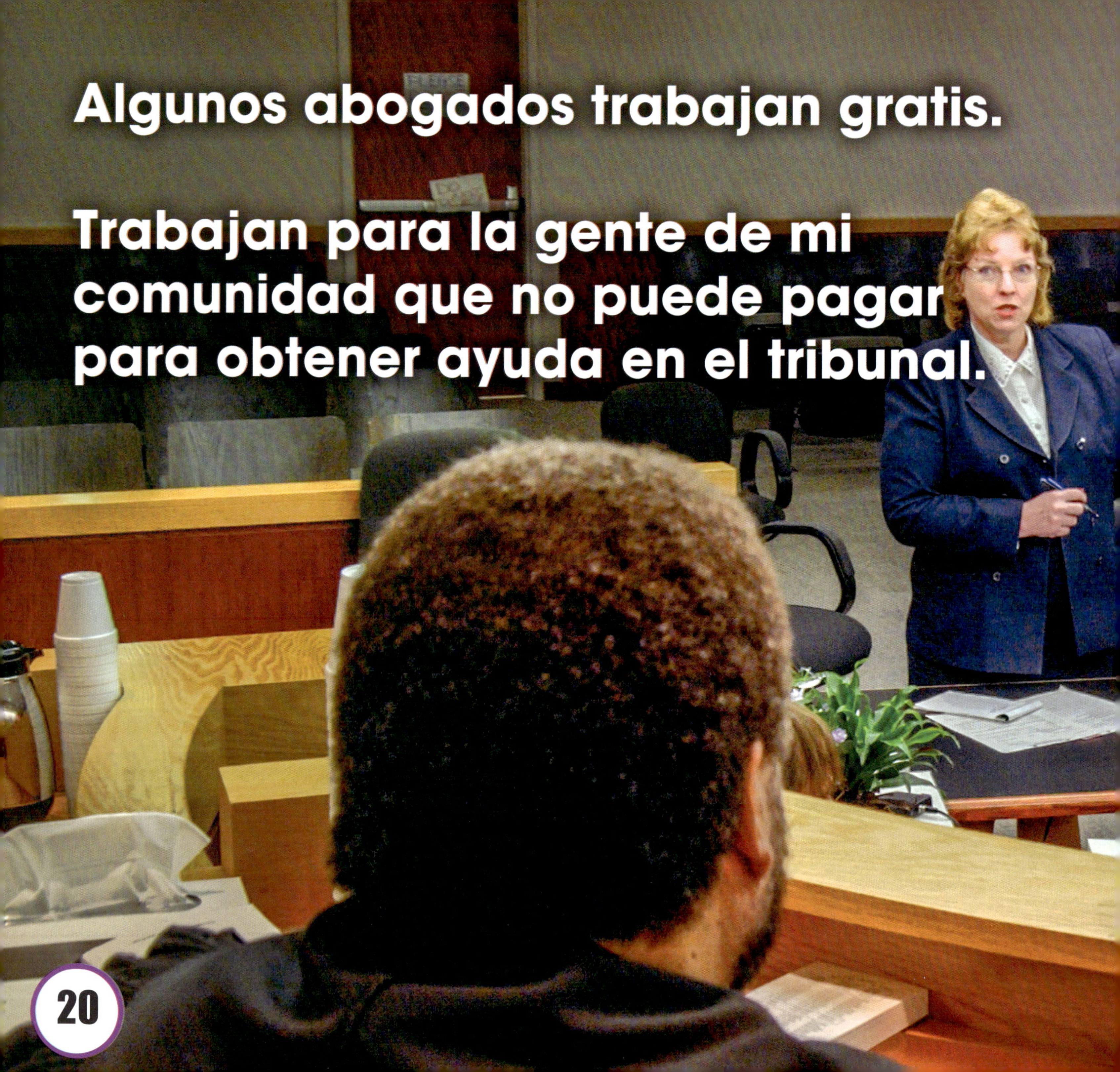

Algunos abogados trabajan gratis.

Trabajan para la gente de mi comunidad que no puede pagar para obtener ayuda en el tribunal.

Veamos qué has aprendido sobre el Palacio de Justicia y las personas que trabajan allí.

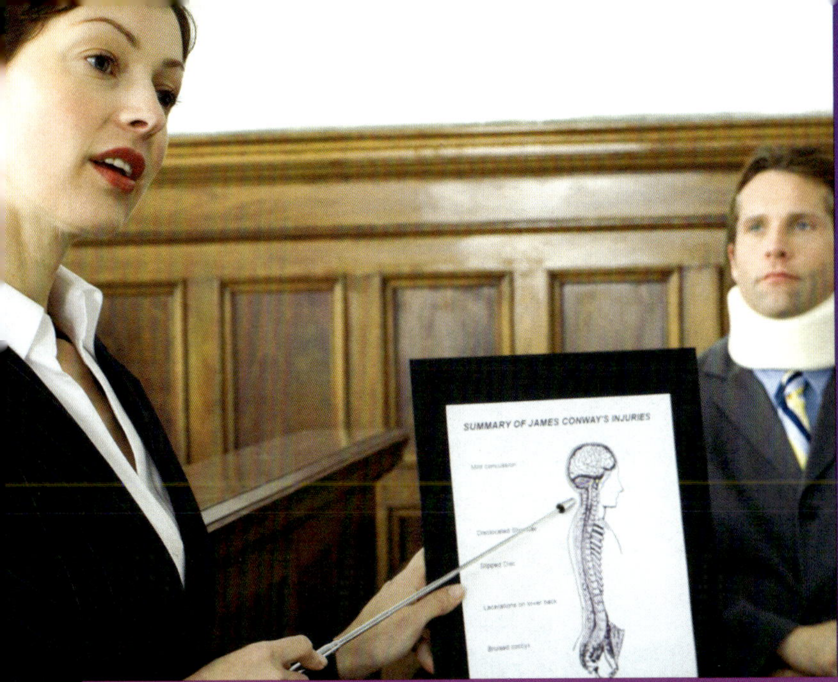

¿Cuáles de estas imágenes no muestran un Palacio de Justicia?

Published by Smartbook Media Inc.
350 5th Avenue, 59th Floor New York, NY 10118
Website: www.openlightbox.com

Library of Congress Control Number: 2017961960

ISBN 978-1-5105-3368-4 (hardcover)
ISBN 978-1-5105-3369-1 (multi-user eBook)

Printed in the United States of America in Brainerd, Minnesota
1 2 3 4 5 6 7 8 9 0 22 21 20 19 18

022018
011518

Spanish Project coordinator: Sara Cucini
Spanish Editor: Translation Services USA
English Project coordinator: Jared Siemens
Designer: Ana María Vidal

Every reasonable effort has been made to trace ownership and to obtain permission to reprint copyright material. The publisher would be pleased to have any errors or omissions brought to its attention so that they may be corrected in subsequent printings.

The publisher acknowledges Alamy, Dreamstime, Getty Images, iStock, and Shutterstock as its primary image suppliers for this title.